Tirofijo va a Malaga
y otras selecciones

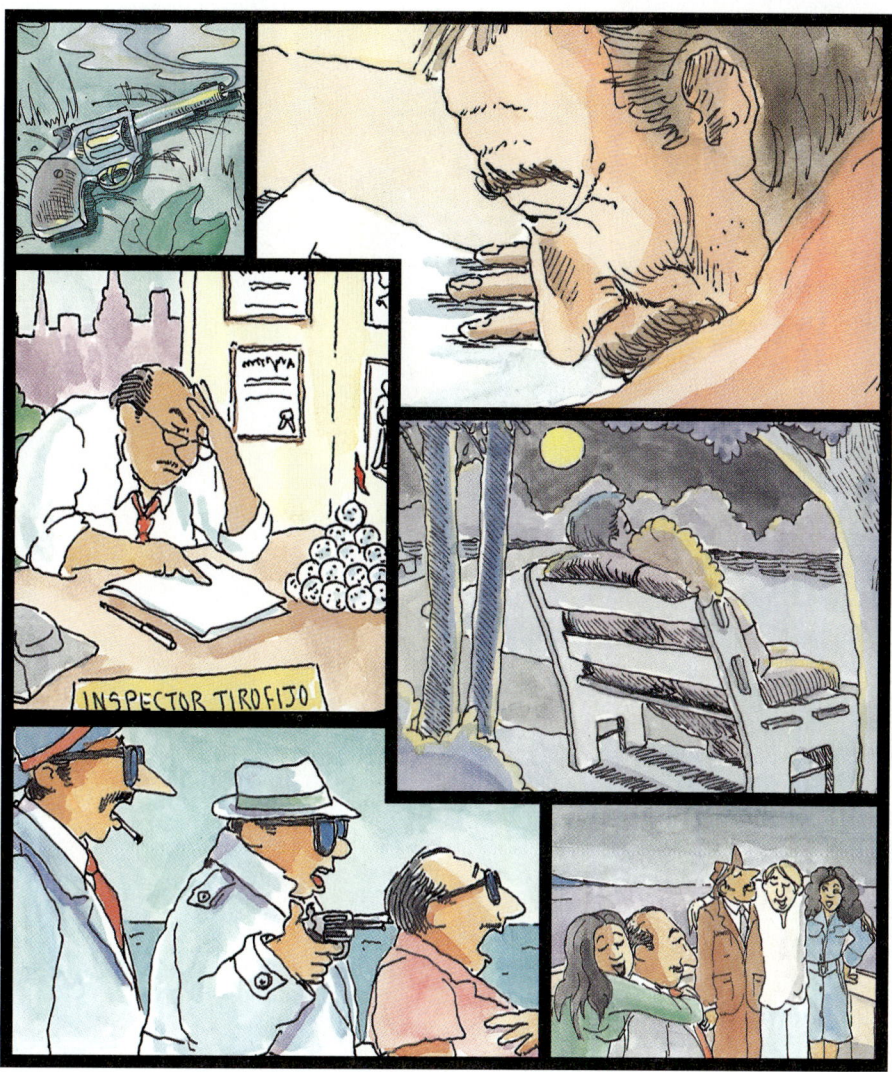

Eduardo Zayas-Bazán
East Tennessee State University
with José A. Blanco

Prentice Hall
A Simon & Schuster Company

Editor-in-Chief: Steve Debow
Director of Development: Marian Wassner
Assistant Editor: María F. García
Editorial Assistant: Brian Wheel

Managing Editor: Deborah Brennan
Manufacturing Buyer: Tricia Kenny

© 1995 by Prentice Hall, Inc.
A Simon & Schuster Company
Englewood Cliffs, New Jersey 07632

All rights reserved. No part of this book may be reproduced, in any form or by any means, without permission in writing from the publisher.

Printed in the United States of America

10 9 8 7 6 5 4 3 2 1

ISBN 0-13-185232-9

Prentice Hall International (UK) Limited, *London*
Prentice Hall of Australia Pty. Limited, *Sydney*
Prentice Hall Canada, Inc., *Toronto*
Prentice Hall Hispanoamericana, S.A., *México*
Prentice Hall of India Private Limited, *New Delhi*
Prentice Hall of Japan, Inc., *Tokyo*
Simon & Schuster Asia Pte. Ltd., *Singapore*
Editora Prentice Hall do Brasil, Ltda., *Rio de Janeiro*

CONTENIDO

LECTURA 1: TIROFIJO VA A MÁLAGA
José A. Blanco (Colombia)

- Episodio 1—¡Una llamada urgente!...1
- Episodio 2—En busca de los estudiantes 3
- Episodio 3—Siguiendo la pista 5
- Episodio 4—Rosa del Sur: agente secreto 7
- Episodio 5—Un viaje a Málaga..9
- Episodio 6—El rescate 11
- Conclusión—El retorno..13

LECTURA 2: NO HAY QUE COMPLICAR LA FELICIDAD 15
Marco Denevi (Argentina)

LECTURA 3: EL CRIMEN PERFECTO 21
Enrique Anderson-Imbert (Argentina)

LECTURA 4: PRIMER ENCUENTRO 25
Álvaro Menen Desleal (El Salvador)

LECTURA 5: IMPORTANCIA DE LOS SIGNOS DE PUNTUACIÓN 29
Anónimo (España)

LECTURA 6: UNA CARTA A DIOS
Gregorio López y Fuentes (México)

- Primera parte...36
- Segunda parte...41

LECTURA 1: TIROFIJO VA A MÁLAGA
Episodio 1—¡Una llamada[1] urgente!

[1] A call
[2] director, head
[3] Missing Persons
[4] moustache
[5] work
[6] everyday
[7] she's been living in Madrid for six years
[8] blonde
[9] at night
[10] school
[11] Now
[12] a lot to do
[13] That's why
[14] Suddenly
[15] enters his
[16] He says that
[17] disappeared
[18] only
[19] can solve

2 TIROFIJO VA A MÁLAGA

Comprensión

A. Complete the following statements choosing the correct conclusion from the given options.

1. Armando Tirofijo es. . .
   a. inspector.
   b. profesor.
   c. estudiante.
   d. secretario.

2. La secretaria del señor Tirofijo se llama. . .
   a. Carmen.
   b. Luisa.
   c. Blanca.
   d. Lola.

3. La pasión de Armando Tirofijo es. . .
   a. la natación.
   b. el béisbol.
   c. el golf.
   d. el fútbol.

4. La señorita Delgadillo es. . .
   a. española.
   b. mexicana.
   c. colombiana.
   d. norteamericana.

5. El comandante Urbina llama *(calls)* por. . .
   a. carta.
   b. avión.
   c. teléfono.
   d. la oficina.

B. Answer the following questions with complete sentences in Spanish.

1. ¿Dónde trabaja el inspector Tirofijo?
2. ¿Quién es la señorita Blanca Delgadillo?
3. ¿Cómo es el inspector Tirofijo?
4. ¿Cómo es la señorita Delgadillo?
5. ¿Dónde estudia por las noches la señorita Delgadillo?
6. ¿Quién llama por teléfono al inspector Tirofijo?

Episodio 2—En busca¹ de los estudiantes

¹ search
² He's pretty worried
³ I have bad news
⁴ have disappeared
⁵ don't worry
⁶ Right now
⁷ wife
⁸ inform her
⁹ I'm going to arrive
¹⁰ It's been three days since
¹¹ haven't gone to their rooms
¹² Tell me
¹³ Some
¹⁴ than I believed
¹⁵ Dear
¹⁶ We're in danger
¹⁷ as soon as possible

Comprensión

A. Complete the following sentences based on information contained in this episode of *Tirofijo va a Málaga*. There may be more than one correct response.

1. El comandante Urbina y el inspector Tirofijo hablan. . .
   a. sobre dos estudiantes.
   b. por la mañana.
   c. francés.
   d. en la universidad.

2. Los dos estudiantes desaparecidos son. . .
   a. inspectores.
   b. franceses.
   c. italianos.
   d. norteamericanos.

3. Los estudiantes viven. . .
   a. en una residencia estudiantil.
   b. en la universidad.
   c. en Madrid.
   d. cerca de la Plaza Mayor.

4. La Sra. Piedrahita trabaja en. . .
   a. la residencia estudiantil.
   b. la universidad.
   c. la oficina.
   d. Nueva York.

5. Los nombres de los estudiantes son. . .
   a. Tom y Kim.
   b. Jim y Susan.
   c. Sarah y Roy.
   d. John y Kerry.

6. Al final de la lectura el inspector. . .
   a. lee una nota.
   b. escribe una carta.
   c. llama a su jefe.
   d. va a la oficina.

B. Now answer the following questions about the reading.

1. ¿Por qué menciona el comandante Urbina al embajador de los Estados Unidos?
2. ¿Cómo está el comandante Urbina cuando habla por teléfono?
3. ¿Dónde viven los dos estudiantes desaparacidos?
4. ¿Quién es la Sra. Piedrahita?
5. Según la nota que lee, ¿cómo están los estudiantes ahora?
6. En su opinión, ¿por qué están en peligro?

Episodio 3—Siguiendo la pista[1]

[1] Following the trail
[2] How long have you known Susan Timmer?
[3] I've known Susan for the last six months.
[4] did you see
[5] for the last time
[6] It's been four days since I saw her.
[7] We drank
[8] Right now
[9] Have I received any calls?
[10] You have just received
[11] has requested
[12] have been kidnapped
[13] unknown people
[14] ransom
[15] I can't believe it!

Comprensión

A. Complete the following statements.

1. Alfredo Marcos es. . .
   a. inspector.
   b. estudiante.
   c. profesor.
   d. embajador.

2. Susan y Alfredo. . .
   a. son amigos.
   b. estudian juntos.
   c. son novios.
   d. son enemigos.

3. El café se llama. . .
   a. El Tablón de Manolo.
   b. El Complutense.
   c. Urbina.
   d. El Embajador.

4. Tirofijo acaba de recibir una llamada del. . .
   a. embajador norteamericano.
   b. estudiante.
   c. inspector.
   d. comandante.

B. Answer the following questions with complete sentences in Spanish.

1. ¿Con quién está hablando el inspector Tirofijo en la Universidad Complutense de Madrid?
2. ¿Quiénes son Susan Timmer y Jim West?
3. ¿Dónde está El Tablón de Manolo?
4. ¿Quién quiere hablar inmediatamente con Tirofijo?
5. ¿Cuánto quieren los delincuentes por el rescate?

Episodio 4—Rosa del Sur: agente secreto

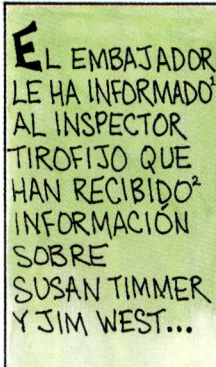

1 has informed him
2 that they have received
3 Tell me
4 did you manage
5 According to
6 are in the hands
7 It had to be
8 code name
9 have brought them
10 I've been waiting for
11 get together
12 if we meet
13 we'll see each other

Comprensión

A. Complete the following statements by filling in the blanks with information provided in the reading.

1. El inspector Tirofijo continúa su conversación con _____.
2. El embajador norteamericano piensa que los dos jóvenes han sido raptados por _____.
3. El inspector Tirofijo va a hacer un viaje a _____.
4. En Málaga, el inspector Tirofijo se va a reunir con _____.
5. El agente Rosa del Sur y el inspector Tirofijo van a reunirse en _____.

B. Answer the following questions about the reading with complete sentences in Spanish.

1. ¿Quién es Rosa del Sur?
2. ¿Por qué va a viajar Tirofijo a Málaga?
3. ¿Qué es lo que no entiende el inspector Tirofijo sobre el caso de los jóvenes desaparecidos?
4. ¿A quién llama por teléfono Tirofijo desde el hotel?
5. En su opinión, ¿por qué tiene que hablar Tirofijo con Rosa del Sur?

Episodio 5—Un viaje a Málaga

1 How strange
2 I've been waiting for more than half an hour
3 If you don't follow
4 Understood?
5 what you tell me (to do)
6 is waiting for you
7 discovers
8 kidnapped
9 there is no reason to get mad.
10 In a very short while
11 you'll realize that we are only doing this to help you
12 I've heard so much about you
13 Did you have
14 what manners you have for meeting people!
15 we have to be very careful

Comprensión

A. Complete the following statements with information provided in the reading.

1. Al comienzo, el inspector Tirofijo está _____

2. Uno de los hombres le dice a Tirofijo que _____

3. Los dos hombres que se llevan a Tirofijo trabajan para _____

4. Rosa del Sur tiene una oficina en _____

5. Rosa del Sur es joven y _____

B. Answer the following questions about the reading with complete sentences in Spanish.

1. ¿En qué piensa Tirofijo mientras espera al agente secreto, Rosa del Sur?
2. ¿Quiénes son los dos hombres que se le acercan?
3. ¿Qué les contesta Tirofijo a los dos hombres?
4. ¿Cómo es Rosa del Sur?
5. ¿Le caen bien a Tirofijo los hombres que ayudan a Rosa del Sur?

Episodio 6: El rescate

[1] are on a luxury yacht anchored
[2] locate it
[3] and try a rescue operation
[4] We can't permit
[5] and the rest carefully climbed up the gangplank
[6] through
[7] portholes they saw
[8] where the men were
[9] to shoot

12 TIROFIJO VA A MÁLAGA

10 about   11 below   12 I didn't think that it was going

Comprensión

A. Complete the following statements choosing the correct conclusion from the given options.

1. Los delincuentes están a bordo de un. . .
   a. avión   b. yate   c. carro   d. edificio
2. Rosa del Sur y Tirofijo están en. . .
   a. Madrid   b. Roma   c. Málaga   d. Barcelona
3. Tirofijo y Rosa vieron la foto. . .
   a. del yate   b. de los delincuentes   c. de los estudiantes   d. de Hugo y Manolo
4. Rosa y Tirofijo tienen. . .
   a. cartas   b. un yate   c. pistolas   d. cigarrillos

B. Answer the following questions with complete sentences in Spanish.

1. ¿De qué conversan Rosa y Tirofijo?
2. ¿Cuál es la información que tiene Rosa del Sur?
3. ¿Cómo es el yate?
4. ¿Dónde está anclado el yate?
5. ¿Qué ven ellos a través de una de las ventanillas?
6. ¿Qué les dicen Hugo y Manolo a los hombres al entrar en la cabina?
7. ¿Qué le dicen los hombres a Rosa del Sur?
8. ¿A quiénes encuentra Manolo al final?

Conclusión: El retorno

1 we were going to die
2 We have been tied up for more than two weeks
3 they fed us
4 real
5 You are safe now.
6 questions
7 to find out
8 were leaving
9 It was nighttime and it was raining.
10 to get in
11 welcomes
12 congratulates
13 It makes me very happy
14 was solved
15 to be grateful for to
16 Not so much to me.
17 accomplish
18 I wanted
19 I would love

[20] This sure is living!   [21] Darn it!   [22] I wonder what problems we may have now.

Comprensión

A. Indicate whether the following statements are **Cierto** or **Falso** based on the information provided in the reading.

1. Susan y Jim llevaban más de dos semanas prisioneros en el yate.
2. En la comisaría, Tirofijo interroga a los secuestradores de Susan y Jim.
3. El embajador norteamericano no está muy contento con el resultado del caso.
4. A Tirofijo le encantaría ir a jugar al golf en los Estados Unidos.
5. Al final de la lectura, Tirofijo recibe una llamada del comandante Urbina.

B. Answer the following questions in complete sentences in Spanish.

1. ¿Cómo se sienten los dos jóvenes después de ser rescatados?
2. ¿Cómo secuestraron a Jim y a Susan?
3. ¿Qué opinión tiene el embajador norteamericano de Tirofijo?
4. ¿Qué piensa hacer Tirofijo ahora que está resuelto este caso?
5. ¿Por qué cree Ud. que está llamando el presidente de los Estados Unidos?

LECTURA 2
No hay que complicar la felicidad
Marco Denevi

◆ ANTES DE LEER

A. **Palabras claves.** Study the following key words from the reading. Then complete the statements that follow with the most appropriate words or expressions from the list. Make any necessary changes.

adivinar	*to guess*
alimentar	*to feed*
amar	*to love*
el amor	*love*
besarse	*to kiss (one another)*
los celos	*jealousy*
el disparo	*gunshot*
la felicidad	*happiness*
matar	*to kill*
ponerse de pie	*to stand up*

1. ———— es lo que sienten dos personas que se quieren verdaderamente.

2. Los novios ———— apasionadamente en un banco en el parque.

3. El soldado que estaba en la batalla escuchó muchos ———— de revólver.

4. La novia de Carlos salió al cine con Javier. Cuando Carlos lo supo, él sintió ————.

5. ———— lo que va a pasar al final de este minidrama.

6. Hay algunos que dicen que los celos ———— el amor.

B. Anticipar. Quickly preview the reading by looking at the illustrations and reading the title and introduction. Based on the information you already know, answer the following questions to help you anticipate what the minidrama might be about. Anticipating the contents of a story or drama will facilitate your comprehension while reading in Spanish.

1. Which of the following literacy genres best identifies this brief dramatic selection by Marco Denevi?

   _____ Crime/suspense

   _____ Action/adventure

   _____ Romance/mystery

   _____ Science fiction

2. Which of the following might best describe the behavior of the main characters in this selection?

   _____ Always intimate

   _____ Always distant and formal

   _____ Alternating between great intimacy and distrust

   _____ Friendly

3. By reading the title of the selection and scanning the illustrations, which of the following inferences could be made?

   _____ The characters seem very happy.

   _____ The man is in love with another woman.

   _____ The characters create problems that make them unhappy.

   _____ The man and the woman are madly in love with each other.

C. Estrategias de lectura. Reading plays and dramatic material is somewhat different than reading stories, novels or other similar narratives. In "No hay que complicar la felicidad" the narrative is provided through dialogs, and background information is provided through stage instructions or scene setters. Keeping this in mind, you can implement the following strategies while reading the minidrama.

1. Establish how many characters there are by skimming the speaker names that appear in bold type.

2. Read the scene setters very carefully as they usually indicate what the characters do while they talk.

3. Keep in mind that, in the scene setters, the author can establish a mood and let you know what the characters are thinking.

4. Pay special attention to how punctuation is used in the dialog to indicate how a character is feeling.

No hay que complicar la felicidad

Marco Denevi, one of the best known Latin American short story writers, was born in Argentina in 1922. He is the author of several novels, including Rosaura a las diez (1955) *and* Ceremonia secreta (1960), *which was made into an American film with Elizabeth Taylor. He has become known for his very brief narratives, minidramas and ministories, which he uses to make poignant comments and reveal telling truths about human nature and society.*

In No hay que complicar la felicidad, *the main protagonists, a couple in love, have no name and seem unable to feel comfortable with their happiness. The ending is both a surprise and a mystery.*

◆ ◆ ◆

Un parque. Sentados bajo los árboles, ella y él se besan.

    ÉL: Te amo.
ELLA: Te amo.

Vuelven a besarse.

    ÉL: Te amo.
ELLA: Te amo.

Vuelven a besarse.

ÉL: Te amo.
ELLA: Te amo.

Él se pone violentamente de pie.

ÉL: ¡Basta°! ¿Siempre lo mismo? ¿Por qué, cuando te digo que te amo, no contestas que amas a otro? 　Enough!
ELLA: ¿A qué otro?
ÉL: A nadie. Pero lo dices para que yo tenga celos. Los celos alimentan° al amor. Despojado de ese estímulo, el amor languidece°. Nuestra felicidad es demasiado° simple, demasiado monótona. Hay que complicarla un poco. ¿Comprendes? 　nourish; add spice / languishes / too

ELLA: No quería confesártelo porque pensé que sufrirías°. Pero lo has adivinado°. 　you would suffer / you've guessed it
ÉL: ¿Qué es lo que adiviné?

Ella se levanta, se aleja° unos pasos. 　moves away

ELLA: Que amo a otro.
ÉL: Lo dices para complacerme°. Porque yo te lo pedí. 　to humor me
ELLA: No. Amo a otro.
ÉL: ¿A qué otro?
ELLA: No lo conoces.

Un silencio. Él tiene una expresión sombría°. — somber

ÉL: Entonces ¿es verdad?
ELLA: *(Dulcemente)* ° Sí. Es verdad. — sweetly

Él se pasea haciendo ademanes° de furor. — gestures

ÉL: Siento celos. No finjo°, créeme. Siento celos. Me gustaría matar a ese otro. — I'm not faking
ELLA: *(Dulcemente)* Está allí.
ÉL: ¿Dónde?
ELLA: Allí, detrás de aquellos árboles°. — trees.
ÉL: ¿Qué hace?
ELLA: Nos espía. También él es celoso.
ÉL: Iré en su busca°. — I'll look for him.
ELLA: Cuidado. Quiere matarte.
ÉL: No le tengo miedo.

Él desaparece entre los árboles. Al quedar sola°, ella ríe. — when left by herself

ELLA: ¡Qué niños son los hombres! Para ellos, hasta el amor es un juego.

Se oye el disparo de un revólver°. Ella deja de° reir. — a gunshot / She stops

ELLA: Juan.

Silencio.

ELLA: *(Más alto)* Juan.

Silencio.

ELLA: *(Grita°)* ¡Juan! — Cries out

Silencio. Ella corre y desaparece entre los árboles. Al cabo de unos instantes° se oye el grito desgarrador° de ella. — After a few moments / heartrending cry

ELLA: ¡Juan!

Silencio. Después desciende el telón.° — curtain

◆ DESPUÉS DE LEER

A. Preguntas de comprensión. Answer the following questions based on your understanding of what happens in the play.

1. ¿Por qué se enoja el hombre con la mujer al principio?
2. ¿Qué le pide el hombre a la mujer?
3. ¿Cómo reacciona la mujer a este pedido?
4. ¿Sabemos si es cierto que la mujer ama a otro hombre?
5. ¿Por qué va el hombre hacia los árboles?
6. ¿Por qué ríe la mujer cuando queda sola?
7. ¿Qué escucha la mujer al final del drama?

B. Temas de discusión. Get together with several classmates and briefly discuss the following topics related to the reading.

1. Comenten sobre algunos ejemplos, tomados de sus propias experiencias, de cómo Uds. han "complicado" la felicidad.
2. ¿Es verdad que los celos alimentan el amor?
3. Propongan varias teorías sobre lo que piensan que ocurrió al final del drama. ¿Qué fue el disparo? ¿Realmente existía "otro" amante? ¿Murió el protagonista?

LECTURA 3
El crimen perfecto
Enrique Anderson-Imbert

◆ ANTES DE LEER

A. Palabras claves. Study the following key words from the reading. Then complete the statements that follow with the most appropriate words or expressions from the list.

las almas	*souls*	**las monjitas**	*the nuns* (diminutive)
el cadáver	*body, cadaver*	**los muertos**	*the dead*
cometer	*to commit*	**la orilla**	*the river bank*
la lápida	*gravestone*	**el sepulcro**	*tomb, grave*

1. El cementerio quedaba a ———— del río.
2. El cuerpo de una persona muerta es un ————.
3. El hombre pensó que iba a ———— el crimen perfecto.
4. Cuando una persona muere es enterrada en un ————.
5. ———— forma parte del sepulcro.
6. Se dice que al morir una persona, su cuerpo físico desaparece pero permanece todavía su ————.

B. Anticipar. Quickly preview the reading by looking at the illustrations and reading the title and introduction. Based on the information you already know, answer the following questions to help you anticipate what the story might be about.

1. Which of the following literary genres best identifies this brief short story by Enrique Anderson-Imbert?
   - ———— Crime/mystery
   - ———— Action/adventure
   - ———— Romance/drama
   - ———— Religious essay

2. Who is the main character of the story? Do we know his/her name?

3. Where does this story take place? Is there more than one location?

4. What do you think is the main event of the story?

C. **Estrategias de lectura.** When reading short stories in Spanish, you will encounter many unfamiliar words and expressions. As you read *El crimen perfecto*, use the following strategies to deal with unfamiliar words.

1. Note any cognates or near cognates. These are words that have the same meaning as the English equivalent and are also spelled similarly.

2. If you encounter words with which you are completely unfamiliar, you may be able to determine their meaning from context. Reread the sentences in which the word appears. If this does not provide any clues, reread the sentences immediately prior to the appearance of the word and those that immediately follow.

3. Analyze the different parts of a word. Are there any prefixes or suffixes that are familiar? For example, in the word *viajeros*, if you recognize the word *viajes* the suffix *-ro (s)* indicates the person who carries out such activity. Thus youcan make an intelligent guess that *viajero* is a person who travels.

4. If you are still not successful, then consult a bilingual dictionary or ask for help from your instructor.

El crimen perfecto

The Argentine writer Enrique Anderson-Imbert was born in Buenos Aires in 1910. He has taught Latin American literature both in his native country and in the United States, where he was a Professor at Harvard University. He is well known as the master of the "microcuento" or mini short story. Most of his stories have an ironic and surprising twist and they deal frequently with the fine line between fantasy and reality.

"El crimen perfecto" appears in El gato de Cheshire, *a collection of short stories, and is narrated by a criminal who presumably has comitted the "perfect" crime. As with many of Anderson-Imbert's stories, humorous elements intermingle with the macabre to produce a narrative with a strong moral message.*

◆ ◆ ◆

—Creí haber cometido el crimen perfecto. Perfecto el plan, perfecta su ejecución. Y para que nunca se encontrara el cadáver lo escondí° donde a nadie se le ocurriera buscarlo: en un cementerio. Yo sabía que el convento de Santa Eulalia estaba desierto desde hacía años° y que ya no había monjitas que enterrasen a monjitas en su cementerio. Cementerio blanco, bonito, hasta alegre con sus cipreses° y paraísos° a orillas° del río. Las lápidas, todas iguales y ordenadas como canteros° de jardín alrededor de una hermosa imagen de Jesucristo, lucían° como si las mismas muertas se encargasen de° mantenerlas limpias. Mi error: olvidé que mi víctima había sido un furibundo ateo.°

Horrorizadas por el compañero de sepulcro que les acosté° al lado, esa noche las muertas decidieron mudarse°: cruzaron a nado° el río llevándose consigo° las lápidas y arreglaron el cementerio en la otra orilla, con Jesucristo y todo. Al día siguiente los viajeros que iban por lancha° al pueblo de Fray Bizco° vieron a su derecha el cementerio que siempre habían visto a su izquierda. Por un instante, se les confundieron las manos y creyeron que estaban navegando en dirección contraria, como si volvieran° de Fray Bizco, pero en seguida° advirtieron que se trataba de una mudanza° y dieron parte° a las autoridades. Unos policías fueron a

inspeccionar el sitio° que antes ocupaba el cementerio y, cavando° donde la tierra parecía recién removida°, sacaron el cadáver (por eso, a la noche, las almas en pena° de las monjitas volvieron muy aliviadas, con el cementerio a cuestas°) y de investigación en investigación. . .; ¡bueno! el resto ya lo sabe usted, señor Juez.

place / digging
recently turned over
souls in torment
on their backs

◆ DESPUÉS DE LEER

A. **Preguntas de comprensión.** Answer the following questions based on your understanding of what happens in the story.

1. ¿Quién es el narrador del cuento y dónde se encuentra?
2. ¿Qué tipo de crimen ha cometido el narrador?
3. ¿Por qué es ideal el cementerio del convento de Santa Eulalia?
4. ¿Cuál fue el gran error del narrador al cometer el crimen?
5. ¿Qué hicieron las monjitas?
6. ¿Cómo sabemos que el crimen fue descubierto?
7. ¿Quién crees que es el juez que menciona el narrador?

B. **Temas de discusión.** Get together with several classmates and briefly discuss the following topics related to the reading.

1. ¿Cuál es la ironía del título del cuento?
2. ¿Qué elementos fantásticos hay en el cuento?
3. ¿Cuál es la moraleja *(moral)* del cuento?

LECTURA 4
Primer encuentro
Álvaro Menen Desleal

◆ ANTES DE LEER

A. **Palabras claves.** Study the following key words from the reading. Then complete the statements that follow with the most appropriate words or expressions from the list.

apagar(se)	*to (get) shut down*	**el polvo**	*dust*
aterrizar	*to land*	**posarse**	*to land*
dar la bienvenida	*to welcome*	**los retrocohetes**	*retrorockets*
encender(se) (ie)	*to turn on; to ignite*	**el ser**	*being*
el encuentro	*meeting*	**el temor**	*fear*
la escotilla	*porthole*	**los visitantes**	*visitors, guests*
la nave	*spaceship*		

1. Los visitantes del planeta Centauro llegaron a la tierra en _____ .

2. Cuando queremos poner en marcha el automóvil, primero hay que _____ . Antes de salir del automóvil, debemos siempre _____

3. Al llegar los invitados a nuestra fiesta les _____

4. Al aterrizar la nave espacial sobre el campo, levantó mucho _____ a su alrededor.

5. El hombre corrió del lugar donde estaban los visitantes porque sentía mucho _____ de ellos.

6. Se podía ver a la figura de un ser extraño por _____ de la nave espacial.

B. **Anticipar.** Quickly preview the reading by looking at the illustrations and reading the title and introduction. Based on the information you already know, answer the following questions to help you anticipate what the story might be about.

1. Which of the following genres might best describe the story by Álvaro Menen Desleal?
   _____ Mystery _____ Science fiction
   _____ Adventure/Action drama _____ Romantic drama

2. Which of the following do you think best explains what the title of the story refers to?
   _____ The first time the narrator went on a date.
   _____ The first meeting between people from different countries.
   _____ A meeting with beings from other planets.
   _____ An encounter with lawless criminals in a remote desert.

3. Where do you think the story takes place? Who is the narrator?

4. Why do you think the narrator looks so terrified at the end of the story?

C. **Estrategias de lectura.** To help you understand the sequence of events that takes place in a story, it is often helpful to create a story map summarizing the main events. Before reading the selection skim through it once again, reading only the first and second sentences of each paragraph. Summarize the sequence of the action in the following chart. An example of the first event has been provided.

EVENT 1: A spaceship approaches the planet.
EVENT 2: _____
EVENT 3: _____
EVENT 4: _____
EVENT 5: _____
EVENT 6: _____
EVENT 7: _____

Once you have read the story, go back to the story map and check how accurately you predicted the events.

Primer encuentro

Álvaro Menen Desleal is one of the few Latin American authors to specialize in writing science fiction. Born in 1931 in San Salvador, the capital of El Salvador, he has written many stories in which the influence of technology and fear of the unknown play a key role. In Primer encuentro, *beings from two different worlds come together. The ending can come as a surprise to the reader and pays tribute to the popular expression "beauty is in the eye of the beholder."*

◆ ◆ ◆

No hubo explosión alguna. Se encendieron, simplemente, los retrocohetes, y la nave se acercó a la superficie° del planeta. Se apagaron los retrocohetes y la nave, entre polvo y gases, con suavidad poderosa°, se posó°.

Fue todo.

Se sabía que vendrían°. Nadie había dicho cuándo; pero la visita de habitantes de otros mundos era inminente. Así, pues, no fue para él una sorpresa total. Es más: había sido entrenado, como todos, para recibirlos. "Debemos estar preparados—le instruyeron en el Comité Cívico—; un día de éstos (mañana, hoy mismo. . .), pueden descender de sus naves. De lo que ocurra en los primeros minutos del encuentro dependerá la dirección de las futuras relaciones interespaciales. . . . Y quizás nuestra supervivencia°. Por eso, cada uno de nosotros debe ser un embajador dotado del° más fino tacto°, de la más cortés° de las diplomacias."

Por eso caminó sin titubear° el medio kilómetro necesario para llegar hasta la nave. El polvo que los retrocohetes habían levantado le molestó un tanto°; pero se acercó sin temor alguno, y sin temor alguno se dispuso° a esperar la salida de los lejanos visitantes, preocupado únicamente por hacer de aquel primer encuentro un trance grato° para dos planetas, un paso agradable y placentero°.

Al pie de la nave pasó un rato° de espera, la vista fija° en el metal dorado° que el sol hacía destellar° con reflejos que le herían los ojos; pero ni por eso parpadeó°.

Luego se abrió la escotilla, por la que se proyectó sin tardanza° una estilizada° escala de acceso°.

No se movió de su sitio, pues temía que cualquier movimiento suyo, por inocente que fuera, lo interpretaran los visitantes como un gesto hostil. Hasta se alegró de no llevar sus armas consigo°.

Lentamente, oteando°, comenzó a insinuarse, al fondo de la escotilla, una figura.   observing; scrutinizing

Cuando la figura se acercó a la escala para bajar, la luz del sol le pegó de lleno°. Se hizo entonces evidente su horrorosa, su espantosa forma.   hit him full force

Por eso, él no pudo reprimir un grito° de terror.   to repress a cry

Con todo, hizo un esfuerzo° supremo y esperó, fijo en su sitio, el corazón al galope°.   effort / at a gallop

La figura bajó hasta el pie de la nave, y se detuvo frente a él, a unos pasos de distancia.

Pero él corrió entonces. Corrió, corrió y corrió. Corrió hasta avisar° a todos, para que prepararan sus armas: no iban a dar la bienvenida a un ser con *dos* piernas, *dos* brazos, *dos* ojos, *una* cabeza, *una* boca...   warn

◆ DESPUÉS DE LEER

A. Preguntas de comprensión. Answer the following questions based on your understanding of what happens in the story.

1. ¿Qué hizo la nave al comienzo del cuento?
2. ¿Por qué no fue una sorpresa para el (la) protagonista la llegada de la nave?
3. ¿Qué actitud tenía el (la) protagonista hacia los visitantes?
4. ¿Cómo reaccionó el (la) protagonista al ver al visitante?
5. ¿Cómo es la figura del visitante?
6. ¿Sabemos de dónde vienen los visitantes?

B. Temas de discusión. Get together with several classmates and briefly discuss the following topics related to the reading.

1. Comenten por qué fue o no una sorpresa el final del cuento.
2. Comenten varias interpretaciones sobre lo que podría ser el mensaje del autor en este cuento.
3. Describan cómo piensan que serían los seres de otros planetas.
4. ¿Cuál sería tu reacción personal si tuvieras un encuentro con seres de otro planeta?

LECTURA 5
Importancia de los signos de puntuación
Anonymous

◆ ANTES DE LEER

A. **Palabras claves.** Study the following key words from the reading. Then complete the statements that follow with the most appropriate words or expressions from the list.

la belleza	*beauty*
buen mozo	*handsome, good-looking*
el caballero	*gentleman*
conquistar	*to conquer*
creerse	*to believe oneself to be*
la décima	*a ten verse stanza of a poem*
enfadarse	*to get angry*
gentileza	*kindness, gentility*
obedecer	*to obey*
el pueblecito	*small village or town*
la puntuación	*punctuation*
puntuado(a)	*punctuated*
el refrán	*saying*
rico(a)	*rich*
rogar (ue)	*to plead*

1. El joven que iba a visitar a las hermanas era _____ y _____

2. Si los estudiantes no hacen la tarea de español, el (la) profesor(a) _____

3. El caballero le _____ a la joven que acepte su propuesta de matrimonio.

4. Una de las hermanas _____ que era la preferida del caballero rico.

5. Los hijos siempre deben _____ a sus padres.

6. Esa mujer era de una _____ incomparable.

B. **Anticipar.** Quickly preview the reading by looking at the illustrations and reading the title and introduction. Based on the information you already know, answer the following questions to help you anticipate what the story might be about.

1. The most likely theme of this reading is:
   _____ jealousy
   _____ marriage
   _____ courtship
   _____ spelling abilities of the characters

2. What are the names of the three sisters and of the gentleman who visits them?

3. Where does the story take place?

4. What do you think is the purpose of the poem?

5. Does the story have a happy ending?

C. **Estrategias de lectura.** This reading offers a dramatic example of how punctuation can affect the meaning of a written text. The Spanish "décima" included in the reading is a traditional ten-verse stanza with rhyme that was popular in Spain during the 18th and 19th centuries. The poem is repeated several times using different punctuation, which alters the meaning of the message. Use the following strategies to help your reading comprehension of the selection.

1. As the poem will be repeated several times, make sure you look up the meaning of any unfamiliar terms or expressions included in it. Underline any unknown words and look them up in a bilingual dictionary or ask your instructor for help.

2. After reading each version of the poem, read them out loud to yourself or with a classmate. Follow the pauses indicated by periods and commas. Note those sentences that are questions and use the proper intonation.

Importancia de los signos de puntuación

The following reading is anonymous and was written in Spain during the late 19th century. The author makes use of both poetry and prose to tell the story of three sisters and a young gentleman who courts them. The three women would like to know which of them the young man really loves, and he finds a unique way of letting them know.

◆ ◆ ◆

Tres hermanas bastante hermosas° vivían con sus padres en un pueblecito de la Mancha°. Hacía más de dos años que iba a su casa todas la noches de visita un caballero rico, elegante y buen mozo. Este joven había conseguido conquistar el corazón de las tres hermanas sin haberse declarado° a ninguna. Cada una de las tres se creía la preferida. Para salir de dudas°, exigieron° un día al joven que dijese° cual de las tres era la que él amaba.

Al ver que no había otro remedio°, ofreció declarar en una décima el estado de su corazón con respecto a las tres hermanas. Puso°, sin embargo, la condición de que no había de estar puntuada, y autorizó a cada una de las tres jóvenes para que la puntuase a su manera°. La décima era la siguiente:

° beautiful
° a region in Spain

° declared his love
° to avoid any doubt / demanded / to tell
° solution
° He stipulated

° in her own way

Tres bellas que bellas son
me han exigido las tres
que diga cuál de ellas es
la que ama mi corazón
si obedecer es razón
digo que amo a Sotileza
no a Sol cuya gentileza
no tiene persona alguna
no aspira° mi amor a Bruna   aspires
que no es de poca belleza

   Sotileza, que abrió la carta, la leyó para sí° y dijo: —Hermanas, yo soy   to herself
la preferida; escuchen la décima:

Tres bellas, que bellas son,
me han exigido las tres
que diga cuál de ellas es
la que ama mi corazón.
Si obedecer es razón,
digo que amo a Sotileza;
no a Sol, cuya gentileza
no tiene persona alguna;
no aspira mi amor a Bruna,
que no es de poca belleza.

   —Siento mucho desvanecer° esa ilusión, querida Sotileza—dijo Sol—   to dispel
pero la preferida soy yo. Para probártelo, escucha cómo se debe puntuar
la décima:

Tres bellas, que bellas son,
me han exigido las tres
que diga cuál de ellas es
la que ama mi corazón.
Si obedecer es razón,
¿digo que amo a Sotileza?
No; a Sol, cuya gentileza
no tiene persona alguna;
no aspira mi amor a Bruna,
que no es de poca belleza.

—Las dos están equivocadas°—dijo Bruna. —Es natural, el amor propio las ciega. Es indudable que la preferida soy yo. La verdadera puntuación de la décima es la siguiente: wrong

Tres bellas, que bellas son,
me han exigido las tres
que diga cuál de ellas es
la que ama mi corazón.
Si obedecer es razón,
¿digo que amo a Sotileza?
No. ¿A Sol, cuya gentileza
no tiene persona alguna?
No. Aspira mi amor a Bruna,
que no es de poca belleza.

Convencida Sotileza de que no habían aclarado nada, dijo:

—Hermanas, ahora estamos en la misma duda que antes. Es necesario que le obliguemos° a que diga cuál de sas tres ha acertado con° la puntuación que él había pensado.

En efecto, aquella misma noche rogaron al joven que pusiera a la décima la puntuación que él había pensado.

El consintió°, y a la mañana siguiente recibieron una carta en la que aparecía la décima con la puntuación siguiente:

Tres bellas, que bellas son,
Me han exigido las tres
que diga cuál de ellas es
la que ama mi corazón.
Si obedecer es razón,
¿digo que amo a Sotileza?
No. ¿A Sol, cuya gentileza
no tiene persona alguna?
No. ¿Aspira mi amor a Bruna?
¿Qué? No. Es de poca belleza.

Las tres hermanas recibieron calabazas° pero como ninguna de las tres era la preferida, no se enfadaron.

Este cuento prueba° que es verdadero° el refrán, "Falta de todos, consuelo do bobos°".

we make him / has guessed correctly

consented

were turned down

proves / true
"We take (foolish) comfort in the fact that none of us was chosen."

◆ DESPUÉS DE LEER

A. Preguntas de comprensión. Answer the following questions based on your understanding of what happens in the story.

1. ¿Dónde vivían las tres hermanas?
2. ¿Qué pensaban ellas del caballero que las visitaba?
3. ¿Qué pensaba el caballero de ellas?
4. ¿Qué decidió hacer el caballero?
5. ¿Qué significado le dio cada una de las hermanas a la décima?
6. ¿Cómo interpretó el joven la décima al final del cuento?
7. ¿Se enfadaron las hermanas al final? ¿Por qué?

B. Temas de discusión. Get together with several classmates and briefly discuss the following topics related to the reading.

1. Den sus opiniones sobre la forma en que actuó el caballero con las tres hermanas. ¿Creen que hizo lo correcto?
2. ¿Hay alguna otra forma de puntuar la décima? ¿Qué interpretación le darían Uds.?
3. Comenten la importancia de la puntuación en las comunicaciones modernas.

LECTURA 6
Una carta a Dios (Primera parte)
Gregorio López y Fuentes

◆ ANTES DE LEER

A. **Palabras claves.** Study the following key words from the reading. Then complete the statements that follow with the most appropriate words or expressions from the list.

el corral	*pen, corral*
la cosecha	*harvest*
la esperanza	*hope*
las gotas	*drops*
el granizo	*hail*
soplar	*to blow*
la tempestad	*storm*
el valle	*valley*

1. Lencho guarda los caballos en un _____ para que no se escapen.
2. El campesino no tiene ni casa ni dinero. Sin embargo, tiene mucha _____ de que las cosas le vayan mejor.
3. Ayer cayó mucho _____ y destruyó el maíz.
4. En el otoño los hijos del campesino no van a la escuela porque tienen que ayudar a su padre con la _____.
5. Es tradición echar a la fuente de Trevi una _____ para asegurar su regreso a Italia.
6. Fue una _____ de mucha lluvia y viento.

B. **Anticipar.** Quickly preview the reading by looking at the illustrations and reading the title and introduction. Based on the information you already know, answer the following questions to help you anticipate what the first part of the story might be about.

1. Where does the story take place?
2. Who is the main character? Who are the secondary characters? What are their occupations?
3. What problem confronts the characters in the story?
4. What seems to be the attitude the characters have towards their predicament?

C. **Estrategias de lectura.** Before reading the story implement the following strategies.

1. Read the first sentence of each paragraph. If you come across any unfamiliar words or expressions try to establish their meaning from context.
2. Based on your reading of brief parts of each paragraph, try to create a brief story map in which you try to predict the sequence of events that takes place in the story.
   EVENT 1: _____
   EVENT 2: _____
   EVENT 3: _____
   EVENT 4: _____
   EVENT 5: _____
3. After you have read the first part of the story completely, review your predictions and make any necessary corrections.

Una carta a Dios
(Primera parte)

Gregorio López y Fuentes was born in Veracruz, Mexico in 1897. As a young man he fought in the Mexican Revolution on the side of General Carranza. His novels and stories deal primarily with the plight of peasant farmers and Indians in the Mexican countryside.

The story "Una carta a Dios" is taken from the collection Cuentos campesinos de México. *It tells the story of Lencho and his family, hardworking farmers whose harvest is destroyed in a storm. How the protagonist confronts this dilemma is the central theme of the story.*

◆ ◆ ◆

La casa—única en todo el valle—estaba en lo alto de un cerro° bajo. — hill
Desde allí se veían el río y junto al corral, el campo de maíz maduro° con — ripe
las flores del frijol que siempre prometían una buena cosecha.

Lo único que necesitaba la tierra era una lluvia, o a lo menos un fuerte
aguacero°. Durante la mañana, Lencho—que conocía muy bien el — heavy shower
campo—no había hecho más que examinar el cielo hacia el noreste.

—Ahora sí que viene el agua, vieja°. — dear (colloquial)

Y la vieja, que preparaba la comida, le respondió:

—Dios lo quiera°. — God willing

Los muchachos más grandes trabajaban en el campo, mientras que los
más pequeños jugaban cerca de la casa, hasta que la mujer les gritó a
todos:

—Vengan a comer...

Fue durante la comida cuando, como lo había dicho Lencho, comenzaron a caer grandes gotas de lluvia. Por el noreste se veía avanzar grandes montañas de nubes°. El aire estaba fresco y dulce.

clouds

El hombre salió a buscar algo en el corral solamente para darse el gusto de sentir la lluvia en el cuerpo, y al entrar exclamó:

—Estas no son gotas de agua que caen del cielo; son monedas nuevas; las gotas grandes son monedas de diez centavos y las gotas chicas son de cinco...

Y miraba con ojos satisfechos el campo de maíz maduro con las flores del frijol, todo cubierto por la transparente cortina de la lluvia. Pero, de pronto, comenzó a soplar° un fuerte viento y con las gotas de agua comenzaron a caer granizos° muy grandes. Esos sí que parecían monedas de plata nueva. Los muchachos, exponiéndose a la lluvia, corrían a recoger° las perlas heladas.

to blow
hail

to gather

—Esto sí que está muy malo—exclamaba mortificado el hombre—ojalá que pase pronto...

No pasó pronto. Durante una hora cayó el granizo sobre la casa, la huerta°, el monte°, el maíz y todo el valle. El campo estaba blanco, como cubierto de sal°. Los árboles, sin una hoja°. El maíz, destruido. El frijol, sin una flor. Lencho, con el alma llena de tristeza. Pasada la tempestad, en medio del campo, dijo a sus hijos:

—Una nube de langostas° habría dejado más que esto...El granizo no ha dejado nada: no tendremos ni maíz ni frijoles este año...

La noche fue de lamentaciones:

—¡Todo nuestro trabajo, perdido!

—¡Y nadie que pueda ayudarnos!

—Este año pasaremos hambre...

Pero en el corazón de todos los que vivían en aquella casa solitaria en medio del valle, había una esperanza: la ayuda de Dios.

vegetable garden / forest
salt / leaf

swarm of locusts

◆ DESPUÉS DE LEER

A. Preguntas de comprensión. Answer the following questions based on your understanding of what happens in the story.

1. ¿Qué se podía ver desde la casa de Lencho?
2. ¿Qué era lo que esperaban Lencho y su familia en esos días?
3. ¿Qué pasó cuando comenzaron a comer?
4. Después de llover, ¿qué ocurrió de pronto?
5. ¿Qué resultó de la caída del granizo sobre el campo?
6. ¿Cómo reaccionaron Lencho y su familia a esto?
7. ¿Cuál era la esperanza que tenían ellos?

B. Temas de discusión. Get together with several classmates and briefly discuss the following topics related to the reading.

1. Expresen sus opiniones acerca de la actitud que demuestra tener el protagonista en la primera parte del cuento.
2. ¿Qué nos enseña el cuento sobre la vida de los campesinos?
3. Traten de predecir qué es lo que va a hacer Lencho para resolver su problema en la segunda parte del cuento.

Una carta a Dios (Segunda parte)
Gregorio López y Fuentes

◆ ANTES DE LEER

A. Palabras claves. Study the following key words from the reading. Then complete the statements that follow with the most appropriate words or expressions from the list.

la alegría	*happiness*	**negar**	*to deny*
la bestia	*beast*	**la obra de caridad**	*act of charity*
la buena voluntad	*good will*	**el sello**	*stamp, seal*
el cartero	*postman, mailman*	**sembrar**	*to plant*
la confianza	*trust, confidence*	**el sobre**	*envelope*
echar al correo	*to mail*	**la ventanilla**	*booth, ticket window*

1. Ayudar a la gente pobre es una _____.
2. Después de _____ el maíz y los frijoles, los campesinos esperaban que lloviera.
3. Lencho se acercó a _____ de la oficina de correos para comprar unas estampillas.
4. Lencho se _____ a creer que Dios no lo iba a ayudar.
5. Después de escribir la carta la puso en _____ y la echó al buzón.
6. La familia de Lencho sintió mucha _____ cuando comenzó a llover.

B. Anticipar. Quickly preview the reading by looking at the illustrations and reading the title and introduction. Based on the information you already know, answer the following questions to help you anticipate what the second part of the story might be about.

1. What new location is introduced in the second part of the story?
2. Are there any new characters? Do we know their names or their titles?
3. How do you think Lencho will try to solve his problem?
4. How do you think the story might end?

Una carta a Dios
(Segunda parte)

In the conclusion of the first part of "Una carta a Dios," Lencho, the protagonist, is thinking about how he will be able to feed and take care of his family after the destruction of his crops by a hail storm. Lencho has decided to write a letter to God to ask for help. When the postmen receive the letter at the Post Office they are moved to try to help this poor peasant and his family. Does Lencho get an answer to his prayers? Find out by reading the conclusion of the story.

◆ ◆ ◆

—No te aflijas° tanto, aunque el mal es muy grande. ¡Recuerda que nadie se muere de hambre! °don't be distressed

—Eso dicen: nadie se muere de hambre...

Y durante la noche, Lencho pensó mucho en su sola° esperanza: la ayuda de Dios, cuyos° ojos, según le habían explicado, lo miran todo, hasta lo que está en el fondo° de las conciencias. °only °whose °depth

Lencho era un hombre rudo°, trabajando como una bestia en los campos, pero sin embargo sabía escribir. El domingo siguiente, con la luz del día, después de haberse fortificado° en su idea de que hay alguien que nos protege, empezó a escribir una carta que él mismo° llevaría al pueblo para echarla al correo. °crude °after having convinced himself / he himself

No era nada menos que una carta a Dios.

"Dios—escribió—si no me ayudas, pasaré hambre con toda mi familia durante este año. Necesito cien pesos para volver a sembrar y vivir mientras viene la nueva cosecha, porque el granizo...."

Escribió "A Dios" en el sobre, metió° la carta y, todavía preocupado, fue al pueblo. En la oficina de correos, le puso un sello a la carta y echó ésta en el buzón°. °put in °mailbox

Un empleado, que era cartero° y también ayudaba en la oficina de correos, llegó riéndose mucho ante su jefe, y le mostró la carta dirigida° a Dios. Nunca en su existencia de cartero había conocido esa casa. El jefe de la oficina —gordo y amable— también empezó a reír, pero muy pronto se puso serio, y mientras daba golpecitos° en la mesa con la carta, comentaba:

—¡La fe! ¡Ojalá que yo tuviera° la fe del hombre que escribió esta carta! ¡Creer como él cree! ¡Esperar con la confianza con que él sabe esperar! ¡Empezar correspondencia con Dios!

Y, para no desilusionar aquel tesoro° de fe, descubierto por una carta que no podía ser entregada°, el jefe de la oficina tuvo una idea: contestar la carta. Pero cuando la abrió, era evidente que para contestarla necesitaba algo más que buena voluntad, tinta° y papel. Pero siguió con su determinación: pidió dinero a su empleado, él mismo dio parte de su sueldo, y varios amigos suyos tuvieron que darle algo "para una obra° de caridad°."

Fue imposible para él reunir los cien pesos pedidos por Lencho, y sólo pudo enviar al campesino un poco más de la mitad°. Puso los billetes en un sobre dirigido a Lencho y con ellos una carta que tenía sólo una palabra como firma: DIOS.

Al siguiente domingo, Lencho llegó a preguntar, más temprano que de costumbre, si había una carta para él. Fue el mismo cartero quien le entregó la carta, mientras que el jefe, con la alegría de un hombre que ha hecho una buena acción, miraba por la puerta desde su oficina.

Lencho no mostró la menor sorpresa al ver los billetes —tanta era su seguridad— pero se enfadó al contar el dinero. . . . ¡Dios no podía haberse equivocado°, ni negar lo que Lencho le había pedido!

Inmediatamente, Lencho se acercó a la ventanilla para pedir papel y tinta. En la mesa para el público, empezó a escribir, arrugando° mucho la frente a causa del trabajo que le daba expresar sus ideas. Al terminar, fue a pedir un sello, que mojó° con la lengua y luego aseguró con un puñetazo°.

Tan pronto como la carta cayó al buzón, el jefe de correos fue a abrirla. Decía:

"Dios: del dinero que te pedí, sólo llegaron a mis manos sesenta pesos. Mándame el resto°, como lo necesito mucho; pero no me lo mandes por la oficina de correos, porque los empleados son muy ladrones.—Lencho."

mistaken

creasing

moistened / punch with one's fist

the rest

◆ **DESPUÉS DE LEER**

A. Preguntas de comprensión. Answer the following questions based on your understanding of what happens in the story.

1. ¿Qué hizo Lencho esa noche en su casa?
2. ¿Qué se puso a escribir Lencho al día siguiente?
3. ¿Qué resultados esperaba Lencho de su carta?
4. ¿Qué sucedió después de que Lencho echó la carta en el buzón?
5. ¿Qué decidió hacer el jefe de la oficina de correo?
6. ¿Cuál fue la reacción de Lencho al recibir la respuesta a su carta?
7. ¿Qué le dijo Lencho a Dios en su segunda carta?

B. Temas de discusión. Get together with several classmates and briefly discuss the following topics related to the reading.

1. ¿Por qué piensan que los empleados de la oficina de correos querían ayudar a Lencho?
2. Den sus comentarios sobre la reacción que tuvo Lencho al recibir la carta. ¿Fue positiva o negativa? ¿Por qué?
3. ¿Qué aspectos de la sociedad y la cultura mexicana se reflejan en el cuento?